DE

L'AVENIR DE L'OUVRIER

OU CONSIDÉRATIONS SUR

L'AMÉLIORATION DU SORT DES TRAVAILLEURS

PAR

S. ROSSIGNOL (DE GAILLAC),

DOCTEUR EN MÉDECINE,

Chirurgien aide major au corps des Sapeurs-Pompiers de la ville de Paris.

⸺◦◦◦◦◦⸺

PARIS,

IMPRIMERIE D'ÉDOUARD BAUTRUCHE,

RUE DE LA HARPE, 90.

—

1848

L'AVENIR DE L'OUVRIER

OU

CONSIDÉRATIONS SUR L'AMÉLIORATION DU SORT DES TRAVAILLEURS.

Au moment où l'établissement de la République vient ouvrir une ère de liberté à la nation française et aux autres peuples de l'Europe, il était tout naturel qu'on s'occupât de suite, à une époque de rénovation sociale, de la classe des travailleurs qui mérite à tant de titres de fixer l'attention de l'Assemblée nationale, et de la société en général.

Des hommes d'un esprit éminent, guidés par un sentiment de

pure philanthropie, s'étant déjà occupés dans leurs écrits des diffé-rentes questions qui se rattachent au travail, nous n'avons pas la prétention, après ces auteurs, de venir traiter complétement le même sujet. Notre but n'est que d'émettre quelques idées sur cette matière ardue, et de rechercher quels seraient les moyens d'améliorer le sort des travailleurs, et conséquemment de leur assurer un meilleur avenir.

Comme médecin, nous avons été témoin des souffrances et de la misère de l'ouvrier, et nous avons vu à nu ses plaies profondes. Nous nous rappellerons toujours qu'au début de notre carrière, un ouvrier à la figure amaigrie et dont les traits exprimaient les tor-tures morales qu'il subissait, vint, dans un hiver rigoureux, nous demander si nous voudrions bien donner nos soins à sa femme qui était malade : nous nous empressâmes de satisfaire à sa de-mande, et, guidé par lui, nous fûmes bientôt introduit dans une chambre où le jour pénétrait à peine, et où le froid et l'humidité se faisaient vivement ressentir. Nous trouvâmes là, une femme de vingt cinq ans, étendue sur une mauvaise paillasse, n'ayant pour couverture qu'une toile d'emballage qui ne lui permettait pas de cacher entièrement sa nudité. Autour de cette malheureuse femme, et presque sans vêtements, se trouvaient trois enfants ne différant guère entre eux que d'une année, et dont l'aîné paraissait avoir environ quatre ans. Ces pauvres créatures qui n'avaient pas de quoi manger, cherchaient à se réchauffer auprès de leur mère en proie à une fièvre ardente. Ni meubles, ni linge n'existaient dans ce réduit du malheur, c'est à peine si l'on put nous procu-rer un vase pour recevoir le sang de la saignée que nous avions dû pratiquer; le manque d'ouvrage et la maladie avaient réduit à cet état de misère cette famille honnête qui n'osait avouer sa position. Nous fûmes assez heureux pour lui faire obtenir des secours du bureau de Charité. Ce triste tableau étant toujours présent à notre mémoire, nous nous faisons un devoir toutes les fois que nous en trouvons l'occasion, de consacrer le temps que nous laisse notre service, aux ouvriers malheureux, c'est encore ce qui nous porte aujourd'hui à écrire ces lignes.

Nous avons vu depuis bien des ouvriers malades et réduits à la misère faute d'ouvrage, nous en avons vu d'autres aussi, en moins grand nombre, qui se trouvaient dans le dénuement le plus complet par suite de leur inconduite ; nous avons soigné un ouvrier en voitures qui, après avoir gagné pendant trente ans, dix et quinze francs par jour, avait été frappé à cinquante ans de paralysie générale causée par ses excès constants en boissons alcooliques. Avec une infirmité aussi grande, cet homme se trouvait sans ressources et sans moyens d'existence, sa femme nous disait que son mari aurait pu économiser dans sa carrière une quarantaine de mille francs sans se gêner. Puisse cet exemple servir de leçon à tous les ouvriers et les faire méditer sur les conséquences que peut amener l'inconduite.

Il est incontestable que l'ouvrier le plus laborieux même, peut-être privé des choses nécessaires à sa subsistance par le manque d'ouvrage, et que sa position devient d'autant plus critique que le chômage continue; cet état en se prolongeant amène les privations qui engendrent bientôt des maladies et des infirmités, en proie à ces dernières, la mendicité qui dégrade et avilit l'homme est la seule ressource qui reste à l'ouvrier. C'est donc pour remédier à cet état de choses déplorable et affligeant pour la société, que nous rechercherons les moyens propres à prévenir ces calamités et ceux qui pourraient en même temps contribuer à l'amélioration du sort des travailleurs.

———

DU TRAVAIL.

Le travail ne s'improvise pas, il est subordonné quant à son plus ou moins de développement a mille circonstances qui changent elles-mêmes comme les causes qui les produisent. Mais dans toutes les occasions et principalement après une révolution, la tranquillité, l'ordre, l'union entre tous les citoyens, pour concourir au même but, à l'affermissement de la République, sont les conditions les plus indispensables à ramener la confiance, et avec la confiance le travail. En effet, avec la confiance les transactions s'opèrent, les achats reprennent leur cours ordinaire, le commerce redevient prospère, la consommation, la fabrication suivent une marche progressive, et les bras des travailleurs ne restent plus inoccupés. Que l'ouvrier se pénètre bien de ces vérités, et qu'il vienne en concourant lui-même au rétablissement de l'ordre, hâter les institutions que l'Assemblée nationale a le désir ardent de fonder en sa faveur.

Nous nous plaisons à reconnaître que l'esprit de l'ouvrier est en général bon, et que la plupart des travailleurs sont animés d'excellents sentiments ; mais il en est quelques-uns d'entre eux qui se sont laissé momentanément égarer par des conseils perfides donnés par des hommes qui, sous l'apparence d'un patriotisme exalté, cachent au fond de leur cœur les doctrines les plus pernicieuses pour la société, et qui n'excitent les troubles qu'afin de pouvoir mieux satisfaire leur ambition et leurs abominables passions. Nous adjurons ces ouvriers, qui n'ont fait que s'oublier un moment, de rentrer dans la bonne voie : la république leur en tiendra compte. Qu'ils se rappellent qu'on ne peut parvenir que par le travail ; que tout le monde travaille dans notre belle patrie ; qu'ils aient présent à leur mémoire que l'artiste, l'avocat, le médecin, l'administrateur, l'homme de lettres, le ministre, le riche même, etc., sont aussi des travailleurs sortis souvent de leurs rangs, et que ces hommes, s'ils ont acquis une position et uelque fortune, ce n'est que par leur talent, leur travail assidu, et après s'être imposé de grandes privations.

L'organisation du travail d'une manière générale ne nous paraissant pas entièrement praticable, puisqu'il existe diverses professions et différentes catégories d'ouvriers, nous nous bornerons à indiquer les moyens qui, selon nous, pourraient favoriser et faire fructifier le travail.

Ces moyens sont : L'extension plus grande du travail dans toute la France. Pour obtenir ce résultat, favoriser l'écoulement de nos produits à l'étranger, en donnant un large développement à notre marine nationale et à la marine marchande.

Si sous le ministère Colbert, le commerce parvint à un degré de prospérité jusqu'alors inconnu, c'est que ce grand homme dont on admire le vaste génie, avait su doter la France d'une forte marine, et rendre en peu d'années nos forces navales supérieures à celles de la plupart des nations. A cette époque, de nombreux vaisseaux sillonnaient les mers pour faire respecter notre pavillon et protéger la marine marchande, qui, assurée de trouver aide et protection partout, repandait nos produits dans les pays les plus éloignes. L'impulsion donnée à l'armée navale sous le règne de Louis XIV, fut donc une des principales causes de la grande activité commerciale de ce temps.

Aujourd'hui que toutes les branches de l'industrie ont atteint un développement extraordinaire, quelle prospérité ne devrait-on pas espérer pour la France, si nous avions une marine en rapport avec nos besoins actuels. L'Angleterre ne doit-elle pas peut-être sa richesse commerciale à ses flottes plutôt qu'à ses nombreuses colonies ?

L'association des ouvriers de la même profession toutes les fois qu'elle serait possible ; nous disons possible, parce qu'elle ne nous paraît exécutable pour le moment que pour une certaine catégorie de travailleurs. On sait que l'association exige des membres qui en font partie une mise de fonds que l'ouvrier ne pourrait fournir ; ce n'est donc pas de ce genre d'association que nous voulons parler ; c'est de l'association de certaines classes d'ouvriers pour le travail à la façon. Ainsi, par exemple, nous comprendrions que des tailleurs se réunissent pour la confection des vêtements] seulement, qu'ils se partageassent ensuite entre eux le gain résultant de cette opération selon le travail et le talent de chacun d'eux ; que des ouvriers maçons s'associassent pour la bâtisse seulement, d'une manière analogue en tout aux premiers, etc. Sur la totalité du gain fait par la Société, il serait prélevé une certaine somme destinée à former un fonds de réserve ou plutôt un capital. Lorsque celui-ci aurait acquis une certaine importance, la Société se livrerait progressivement à des entreprises plus vastes ; ainsi , peu à peu, ces associations, bien dirigées, deviendraient prospères et procureraient une existence plus heureuse à l'ouvrier, en même temps qu'elles le moraliseraient. Les statuts de ces Sociétés seraient approuvés par le gouvernement, qui veillerait à leur exécution.

Participation quelconque de l'ouvrier aux bénéfices du maître ou du propriétaire ; la part attribuée au travailleur serait tou·jours proportionnée à son travail, à son salaire et à son talent

Il nous paraît de toute justice que des hommes qui passent quelquefois une partie de leur vie chez les mêmes maîtres, qui contractent souvent chez ceux-ci, des maladies et des infirmités, après avoir par leur travail contribué à leur fortune, soient admis par ces patrons à participer aux bénéfices. Le faible intérêt qui serait donné à l'ouvrier, loin d'être préjudiciable au maître lui serait au contraire avantageux ; car le travailleur recevant tous les ans un encouragement serait plus attentif et plus assidu à son travail, et porterait plus d'économie et d'ordre dans l'emploi des matières premières qui lui sont confiées.

Comme il existe une classe de travailleurs, ceux de l'agriculture, qui ne peuvent guère s'associer ni participer aux bénéfices du maître, puisque celui-ci n'en fait pas, et qu'il ne retire du sol que l'intérêt de l'argent à un taux même très-minime , nous désirerions pour ces travailleurs honnêtes, les plus malheureux de tous, qui supportent avec résignation les privations les plus grandes, qui n'ont qu'une nourriture malsaine ou insuffisante , qui ne font un repas avec de la viande de boucherie que quelquefois dans l'année, qui restent une partie de l'hiver sans ouvrage, et dont le salaire, dans cette saison, ne s'élève pas à un franc, nous désirerions, disons-nous, que les communes votassent en leur faveur quelques centimes additionnels tous les ans. Le produit de cet impôt serait reparti de la manière la plus equitable.

Création d'ateliers nationaux pour les travaux que l'état prendrait à sa charge, mais différemment organisés que ceux qui existent aujourd'hui ; le travail serait toujours à la tâche dans ces établissements afin d'éviter que le paresseux ait le même salaire que l'homme actif et laborieux, et afin que l'état puisse retirer du travail de ses ouvriers un avantage en rapport avec les sommes dépensées. Création surtout de vastes et nombreux ateliers agricoles, où on s'occuperait principalement du dechessement des marais, du défrichement des terres incultes et de leur mise en rapport. Le travail, comme dans les autres ateliers serait également à la tâche.

Lorsque les terres provenant du défrichement et du dessechement des marais auraient été rendues propres à la culture, le gouvernement pourrait faire construire à son compte, sur ces terrains conquis par le travail, des fermes et des villages, comme on l'a fait en Algérie, et y établir des colonies agricoles. Des concessions seraient accordées à des familles d'agriculteurs, moyennant une rente progressive, qui permettrait à l'état de rentrer avec le temps dans une partie de ses déboursés. La mise en rapport de toutes ces terres, tout en occupant un plus grand nombre de bras et en procurant une plus grande quantité de céréales à la France, ne rendrait plus celle-ci tributaire de l'étranger qui absorbe tous les ans notre numéraire , en nous fournissant le blé qui nous manque.

Formation d'un Comité du travail dans chaque chef-lieu de canton, et dans chaque arrondissement, composé d'un président, le juge de paix, et de membres nommés à l'élection dont les fonctions seraient gratuites, le secrétaire seul serait rétribué. Ce Comité serait institué pour organiser et répartir le travail dans la localité, pour classer et placer les divers travailleurs. A cet effet, il tiendrait un registre où seraient inscrits les nom et prénoms, l'âge, le lieu de naissance, le département et la profession de chaque ouvrier; il y serait également fait mention de sa moralité, de ses infirmités actuelles et de celles qui pourraient lui survenir dans le travail. L'ouvrier serait toujours porteur d'un livret qui contiendrait les mêmes détails , et qui serait délivré et signé par le Comité.

Les maîtres qui occuperaient régulièrement un certain nombre d'ouvriers, tiendraient un registre analogue à celui du Comité; lorsqu'un ouvrier quitterait un établissement pour un motif quelconque, le patron relaterait sur son livret, le temps qu'il aurait passé chez lui, et y ferait connaître sa conduite pendant ce même espace de temps.

Le Comité du travail, créé en vue de l'intérêt général des travailleurs, pourrait, en s'adjoignant un nombre égal d'ouvriers et de patrons, régler les différends qui pourraient survenir, et opérer la conciliation des parties.

Fondation dans chaque chef-lieu de canton et dans chaque arrondissement, d'une Caisse de secours et de retraite pour les ouvriers ; cette Caisse serait alimentée par une portion des bénéfices attribuée à l'ouvrier dans ceux du maître, ou par une retenue de quelques centimes sur son salaire journalier ; la même retenue aurait lieu sur une partie du produit des centimes additionnels allouée aux travailleurs de l'agriculture, ou sur leur salaire.

Cette Caisse serait confiée au Comité du travail qui en placerait les fonds de la manière la plus avantageuse et la plus sûre. Un caissier salarié aurait le maniement de ces fonds.

Pour l'accumulation du capital et des intérêts, cette Caisse, au bout d'une trentaine d'années, permettrait, outre les secours qui auraient été accordés dans l'intervalle, de donner encore une retraite aux vétérans du travail ; nous considérons cette Caisse, comme l'ancre du salut des ouvriers, et comme l'institution la plus efficace pour opérer dans un avenir prochain, leur régénération.

Abolition rigoureuse du marchandage, répression sévère de toute coalition d'ouvriers ou de maîtres, ayant pour objet, l'augmentation du salaire pour les uns et la diminution pour les autres. Institution de conseils de prud'hommes dans les localités où il y a une industrie importante.

Pour avoir des travailleurs forts et bien portants, il faudrait rendre à bon marché les principales denrées qui sont indispensables à l'alimentation. Le Gouvernement provisoire, dans sa sollicitude pour le bien-être de l'ouvrier, a déjà pris des mesures excellentes pour atteindre ce but ; mais elles ne nous paraissent pas encore suffisantes. La viande de boucherie, quoiqu'on l'ait dégrévée, se vend encore aussi cher qu'avant ; les légumes secs, malgré que l'année ait été des plus fertiles, se sont maintenus à un prix élevé; il en est de même pour d'autres denrées, cela tient à ce que les marchands se sont habitués, depuis longtemps, à faire de forts bénéfices dont ils ne veulent pas se départir. Pour détruire cet abus nuisible et onéreux au peuple, nous voudrions que les substances qui font la base de l'alimentation, fussent taxées comme le pain. Nous croyons cela praticable pour la viande de boucherie et les légumes secs. La cherté du vin en interdit l'usage à la classe ouvrière à laquelle, pourtant, il serait si salutaire; car, en facilitant la digestion, il répare aussi les forces épuisées par le travail. La diminution de l'impôt que nous appelons de tous nos vœux, mettrait cette boisson à la portée de l'ouvrier. La falsification du vin et des boissons alcooliques étant une des causes qui produisent l'effet le plus pernicieux sur la santé, nous demandons que les peines les plus sévères soient appliquées à ce délit.

Il serait bien à désirer que les ouvriers pussent vivre en commun, il en résulterait pour eux de grands avantages, leur nourriture tout en étant plus saine et plus abondante que celle qu'ils prennent dans les endroits où l'on donne à manger, leur reviendrait en même temps à meilleur compte. Ils profiteraient ainsi du gain que font sur eux les aubergistes. Les ouvriers en vivant en commun, auraient encore d'autres profits qu'il est inutile d'énumérer ici.

Comme il n'arrive que trop souvent que les chambres qu'occupent les ouvriers dans les garnis, sont humides, peu aérées, et que leur étendue n'est pas en rapport avec le nombre d'individus qui les habitent, et que c'est là une cause fréquente de maladies, il est nécessaire que la police surveille ces établissements et exige qu'ils réunissent les conditions de salubrité voulues.

Les hospices et hôpitaux civils où les ouvriers malades sont soignés nous paraissent susceptibles de grandes améliorations qu'on pourrait obtenir en réformant les réglements qui régissent ces établissements. Il nous paraît très-utile aussi qu'on créé dans chaque chef-lieu de département des maisons où l'on recevrait les ouvriers invalides qui n'ont pas de moyens d'existence.

Après avoir cherché à améliorer matériellement la vie de l'ouvrier, nous devons nous occuper aussi des enfants qui doivent, plus tard, venir augmenter le contingent des travailleurs.

L'instruction étant la base de l'avenir de l'homme, on reste surpris de voir que la plupart des enfants des travailleurs en sont dépourvus, soit à cause de l'insouciance des parents, soit que les moyens de la répandre manquent; quoi qu'il en soit et pour remédier à ce grave inconvénient, nous proposons :

La création sur une large échelle dans chaque commune, d'écoles primaires gratuites, où les parents seraient tenus d'envoyer leurs enfants jusqu'à l'âge de douze ou quatorze ans.

Les enfants, en recevant dans ces établissements les bienfaits de l'instruction primaire en même temps que ceux de l'éducation religieuse, seraient soumis à des exercices gymnastiques et de chant appropriés à leur âge, à leur force et à leur constitution. A cet effet, il serait créé un gymnase dans chaque école dont la direction serait confiée à l'instituteur; les exercices y auraient lieu d'après un manuel que ferait établir le ministre de l'instruction publique, par des hommes compétents.

La gymnastique en développant le système musculaire et l'organisme en général, rendrait les enfants plus robustes et par conséquent moins susceptibles de contracter des maladies.

L'apprentissage ne commencerait qu'après l'âge de douze ou quatorze ans, alors que l'éducation serait terminée.

Pour apprendre au peuple à se bien porter, il faudrait répandre dans les campagnes et les villes, les principes élémentaires d'hygiène, et faire observer rigoureusement, les réglemènts concernant la salubrité.

Il serait nécessaire qu'on établit dans les campagnes et dans les petites villes des salles d'asyle où les enfants en bas âge recevraient des soint assidus de la part des personnes qui seraient chargées de ces établissements, pendant que les parents se livreraient aux travaux des champs.

Deux maladies affreuses, le rachitisme et les scrofules, si communes dans les villes manufacturières où elles déciment la population, sont causées ordinairement par la mauvaise qualité des aliments ou leur insuffisance, par le défaut de vêtemens et surtout par les logements, bas, humides et non aérés qu'habite la classe nombreuse des ouvriers attachés aux diverses fabriques. Nous appelons toute l'attention du gouvernement sur cette plaie sociale, afin qu'il prenne des mesures propres à diminuer, sinon à éteindre ces infirmités qui affligent l'humanité et dont on ne peut considérer le sombre tableau sans en être profondément attristé L'exploitation des enfants doit être sévèrement interdite, car c'est aussi une des causes qui prédisposent aux affections dont il est ici question.

Telles sont les considérations dans lesquelles nous avons cru devoir entrer dans une question aussi importante, nous ne nous sommes pas dissimulé l'insuffisance de notre talent en traitant ce sujet, mais notre intention a été d'être utile aux ouvriers, et si parmi les idées que nous avons émises, il en est qui puissent amener quelque avantage pour eux nous serons bien récompensé de notre faible travail.